ANIMALS
HABITATS

T0024927

Животные – Среда обитания

Richard Tan

Rosen Classroom
New York

Animals live everywhere on Earth. The place where an animal naturally lives and grows is called its habitat. Animals adapt to the climate, plants, water, and other animals in the environment where they live.

Повсюду на Земле есть животные. Место, где животное естественно обитает и растет, называется его средой обитания. Животные приспосабливаются к климату, растениям, воде и другим животным в той среде, где они живут.

Alaska is a large northern state in the United States. It is home to many animals that have thick fur to keep them warm and dry in the cold Alaska climate.

Аляска – большой северный штат в Соединенных Штатах. Она является домом для многих животных с густым мехом, который помогает им сохранять тепло и сухость в холодном климате Аляски.

Deserts do not get much rain. A desert can be very hot during the day. Desert animals adapt to the lack of water and the climate. Some desert animals find water in plants like the cactus. Others, like camels, can live for a long time without drinking water.

В пустынях не бывает много дождей. Днем в пустыне может быть очень жарко. Животные пустынь приспосабливаются к недостатку воды и к климату. Некоторые из пустынных животных находят воду в таких растениях, как кактус. Другие, подобно верблюдам, могут долгое время обходиться без воды.

Savannas are large areas of land covered with dry grass and a few trees. Many animals such as zebras, gazelles, and wildebeests inhabit the savannas in Africa. These animals eat mostly grass. Some animals of the savanna, like lions and cheetahs, are meat eaters. They hunt and eat the grass-eating animals.

Саванны – большие земные пространства, покрытые сухой травой и немногочисленными деревьями. Многие животные, такие, как зебра, газель и антилопа гну, обитают в саваннах Африки. Эти животные едят в основном траву. Некоторые животные саванны, такие, как львы и гепарды, питаются мясом. Они ловят и едят травоядных животных.

Kangaroos live on the continent of Australia. The climate of Australia is mostly hot and dry. Red kangaroos live in the deserts and grasslands in the middle of the country. Gray kangaroos live in the forests and grasslands closer to the south and east coasts.

Кенгуру живут на континенте Австралия. Климат Австралии в основном сухой и жаркий. Рыжие кенгуру живут в пустынях и на лугах в центре страны. Серые кенгуру живут в лесах и на лугах ближе к южному и восточному побережьям.

Tropical rain forests are hot and rainy and have four different layers or habitats. Toucans, monkeys, frogs, jaguars, and other animals of the rain forest live in the layer where they can best adapt to the environment and find food.

В тропических влажных джунглях жарко и дождливо; там есть четыре разных слоя или среды обитания. Туканы, мартышки, лягушки, ягуары и другие обитатели влажных джунглей живут в том слое, где они наилучшим образом могут приспосабливаться к окружающей среде и находить еду.

Animals adapt to different habitats. Can you tell about the habitat where each of these animals lives: lion, polarbear, monkey, kangaroo, camel?

Животные приспосабливаются к различным средам обитания. Можете ли вы рассказать, в какой среде обитает каждое из этих животных: лев, белый медведь, мартышка, кенгуру, верблюд?

What are your favorite fruits and vegetables? Write and draw a picture of your favorite vegetable and fruit.

Hom txiv hmab txiv ntoo thiab yam zaub twg yog hom uas koj nyiam noj tshaj? Sau thiab teeb yam zaub thiab txiv hmab txiv ntoo uas koj nyiam noj tshaj.

There are many fruits and vegetables I like to eat.

Muaj ntau yam txiv hmab txiv ntoo thiab zaub uas kuv nyiam noj.

Broccoli and peas are green
vegetables that I like.

Broccoli thiab noob taum yog ib co
zaub ntsuab uas kuv nyiam noj.

My favorite vegetables are potatoes and carrots. Do you like potatoes and carrots?

Cov zaub kuv nyiam noj tshaj yog qos daj thiab carrots. Koj puas nyiam noj qos daj thiab carrots?

Oranges and strawberries are fruits that taste good also.

Txiv kab ntxwv thiab txiv pos yog ib co txiv hmab txiv ntoo qab kawg thiab.

My favorites are apples and bananas.
Do you like apples and bananas?

Hom kuv nyiam noj tshaj plaws yog
txiv apples thiab txiv tsawb. Koj puas
nyiam noj txiv apples thiab txiv tsawb?

3

I like to eat fruits and vegetables.

Kuv nyiam noj txiv hmab txiv ntoo thiab zaub.

FRUITS VEGETABLES
I like to Eat

COV TXIV HMAB TXIV NTOO THIAB ZAUB UAS Kuv Nyiam Noj

Richard Tan

Rosen
Classroom
New York